Gehäkelte Gardinen 2

Elke Selke

Gehäkelte Gardinen 2

Fotografie und Grafik: Karsten Selke

Bibliografische Information der Deutschen Nationalbibliothek:
Die Deutsche Nationalbibliothek verzeichnet diese Publikation in der Deutschen
Nationalbibliografie; detaillierte bibliografische Daten sind im Internet
über http://dnb.d-nb.de abrufbar

Herstellung und Verlag: Books on Demand GmbH, Norderstedt

ISBN: 9783842384934

Inhalt

Liebe Leserinnen und Leser,

ich wurde schon manchmal gefragt, wie man auf die Idee kommt, Gardinen zu häkeln — heutzutage, wo es doch alles fertig zu kaufen gibt. Ja, das stimmt, Gardinen kann man in allen Farben, Formen und Größen, aus verschiedenen Stoffen und immer passend zur aktuellen Mode kaufen. Aber eine Gardine zu kaufen ist nicht das gleiche, wie eine Gardine für die eigene Wohnung selbst anzufertigen. Selbst gekauft ist noch lange nicht selbst gemacht und selber machen macht viel mehr Spaß!

Im vorliegenden Buch „Gehäkelte Gardinen — Teil 2" erwartet Sie eine Auswahl dekorativer Modelle für die ganze Wohnung. Gardinen mit Kindermotiven, Tiermotiven, Blumenornamenten, Bäumen, Jugendstilmotiven und grafischen Mustern sind dabei und noch viel mehr. Bestimmt finden auch Sie Ihren Favoriten.

Zu jedem Modell gibt es eine Anleitung und eine Musterzeichnung sowie Tipps zum Verändern der Größe.

Ich wünsche Ihnen viel Erfolg und viel Spaß beim Häkeln!

Ihre Elke Selke

Ich bedanke mich bei allen, die mir Mut zu diesem Buch gemacht haben und mich bei der Fertigstellung unterstützt haben - ganz besonders bei meiner Mutter und bei meinem Mann.

Bevor Sie beginnen...

Für das Gelingen der Häkelarbeit ist die Qualität des verwendeten Materials entscheidend. Bitte bedenken Sie bei der Auswahl des Garnes, dass eine Handarbeit, die in jedem Fall viel Zeit in Anspruch nimmt, für viele Jahre ihre Schönheit behalten soll. Daher ist es sehr wichtig, Garn in guter Qualität zu wählen. Lassen Sie sich vom Händler beraten oder nutzen Sie die Telefonhotlines der Hersteller.
Häkelgarne gibt es nicht nur in verschiedenen Farben und Qualitäten, sondern auch in verschiedenen Stärken. Für Gardinen empfehle ich die Stärke 10. Die meisten Gardinen dieses Buches sind mit Baumwollgarn in Stärke 10 gearbeitet.

Wichtig ist auch die Wahl einer geeigneten Häkelnadel. Diese muss auf die Stärke des Garnes abgestimmt sein. Sie finden auf den Banderolen des Häkelgarns Angaben zur passenden Nadelstärke. Auch die Häkelnadel sollte von guter Qualität sein. Eine Nadel, die nicht gut verarbeitet ist, die beim Häkeln hakt oder nicht gut in der Hand liegt, wird Ihnen keine Freude bereiten. Ob Sie eine Häkelnadel aus Metall oder Kunststoff wählen, ist Ihnen überlassen – probieren Sie einfach, mit welcher Ausführung Ihnen die Arbeit besser von der Hand geht.

Bei jeder Gardine habe ich Maße angegeben, die als Orientierung dienen sollen. Selbst bei Verwendung des gleichen Garns und einer Häkelnadel in der gleichen Stärke können Abweichungen auftreten. Auch ob Sie fest oder locker häkeln, hat einen Einfluss auf die endgültige Größe der Arbeit.

8

Sie finden bei vielen Modellen auch Hinweise zur Veränderung der Größe. Einige Gardinen können um ganze Mustersätze reduziert oder erweitert werden, andere lassen sich durch Einfügen oder Entfernen von Filetreihen an die gewünschte Fenstergröße anpassen. Häkeln Sie vor Beginn der Arbeit eine kleine Musterprobe, um die endgültige Größe berechnen zu können. Hierzu empfehle ich, ein Quadrat aus 10 Kästchen in Höhe und Breite zu häkeln. Verwenden Sie dafür das Garn und die Häkelnadel, die Sie für die Gardine vorgesehen haben. Aus der Größe des Quadrates können Sie die Größe des fertigen Modells errechnen.

Ganz wichtig für ein optimales Erscheinungsbild einer Häkelarbeit ist das Spannen des fertigen Modells. Der Markt bietet Spannrahmen, Spannunterlagen und Spannvorrichtungen in verschiedenen Ausführungen an. Ich habe für die Modelle des Buches die Hilfe einer Gardinenspannerei in Anspruch genommen und möchte das auch jedem empfehlen, der nicht so geübt ist im Spannen großer Modelle. Eine Gardinenspannerei finden Sie sicher auch in Ihrer Nähe oder im Internet.

9

Die Filethäkelei

Die Filethäkelei ist schnell zu erlernen. Wenn Sie das Häkeln von Luftmaschen, Stäbchen und Kettmaschen beherrschen, dann können Sie bereits alle Modelle des Buches nacharbeiten.

Den Beginn bildet eine Luftmaschenkette. Die benötigte Anzahl Luftmaschen ist bei jedem Modell vermerkt. Dann werden Hin- und Herreihen gearbeitet. Das erste Stäbchen wird dabei durch drei Wendeluftmaschen ersetzt.

Die Filethäkelei ist eine Kombination aus leeren und gefüllten Kästchen. Ein leeres Kästchen besteht aus einem Stäbchen und zwei Luftmaschen, ein gefülltes Kästchen besteht aus drei Stäbchen. Durch das Aneinanderreihen gefüllter Kästchen werden Motive gestaltet.

10

Wenn leere Kästchen auf leere Kästchen gehäkelt werden, müssen die Stäbchen in die Stäbchen der Vorreihe gearbeitet werden. Wenn volle Kästchen auf volle Kästchen gehäkelt werden, werden alle Stäbchen in die Stäbchen der Vorreihe gearbeitet. Wenn volle Kästchen auf leere Kästchen gehäkelt werden, wird ein Stäbchen in das Stäbchen und zwei weitere Stäbchen um die Luftmaschen der Vorreihe gearbeitet. Wenn leere Kästchen auf volle Kästchen gehäkelt werden, dann wird ein Stäbchen in das Stäbchen der Vorreihe gearbeitet und die beiden folgenden Stäbchen werden durch zwei Luftmaschen ersetzt.

Zunahmen: Bei den Gardinen mit Zickzack- oder Spitzenrändern sind Zunahmen erforderlich. Wenn ein Kästchen am Reihenanfang zugenommen werden soll, werden am Anfang 6 Luftmaschen gehäkelt, die ersten vier ersetzen das erste Stäbchen, in die 5. und 6. Luftmasche wird jeweils ein Stäbchen gearbeitet, das nächste Stäbchen wird in das letzte Stäbchen der Vorreihe gehäkelt. Für das Zunehmen eines Kästchens am Reihenende müssen drei Doppelstäbchen gehäkelt werden. Die Einstichstelle des ersten ist die Einstichstelle des letzten Stäbchens. Die beiden weiteren Doppelstäbchen werden in das erste Abmaschglied des vorigen Doppelstäbchens eingestochen. Wenn mehrere Kästchen zugenommen werden sollen, verfahren Sie entsprechend.

Abnahmen: Um Kästchen am Reihenanfang abzunehmen, häkeln Sie eine Wendeluftmasche und Kettmaschen in jedes Stäbchen bzw. jede Luftmasche der Vorreihe, bis Sie an die gewünschte Stelle kommen. Um ein Kästchen abzunehmen, häkeln Sie also eine Wendeluftmasche und 2 Kettmaschen. Das Abnehmen am Reihenende ist ganz einfach, Sie enden an der gewünschten Stelle und lassen die übrigen Kästchen unbehäkelt.

11

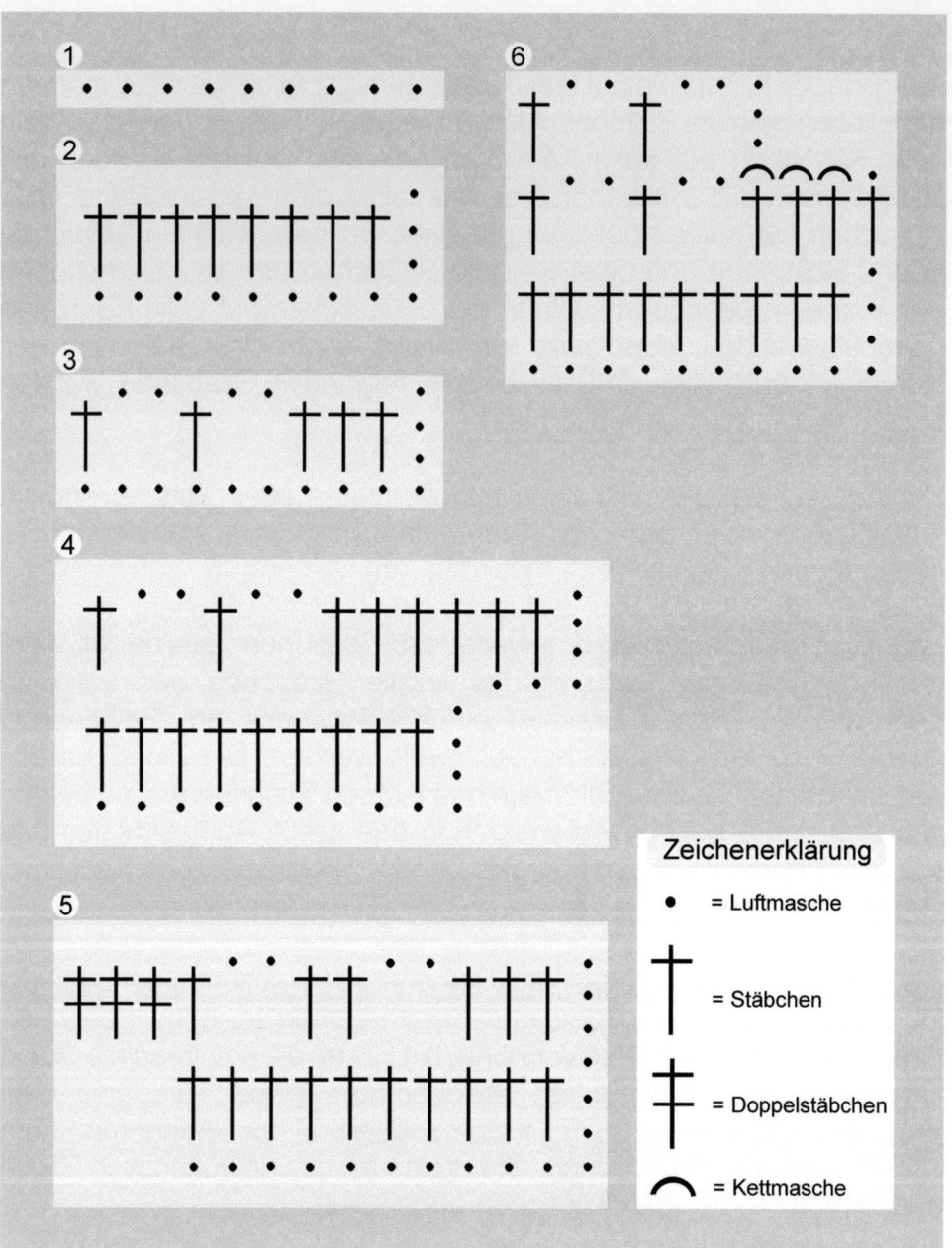

Zeichenerklärung

• = Luftmasche

$\dagger$ = Stäbchen

$\ddagger$ = Doppelstäbchen

$\cap$ = Kettmasche

12

Die Randlösungen

Randlösung 1: Es gibt verschiedene Arten, die Gardine aufzuhängen. Die einfachste Möglichkeit ist, Gardinenklammern zu benutzen. Dafür häkeln Sie einen geraden Rand (Beispiel: Weihnachtsgardine mit Elch).

Randlösung 2: Gern werden Gardinen gearbeitet, die bereits Schlaufen für die Gardinenstange besitzen. Dieser Abschluss ist sehr einfach zu arbeiten, er bietet verschiedene Möglichkeiten der Aufhängung und kann problemlos für breitere Stangen abgewandelt werden.

Über die letzten vier Kästchen werden ein volles Kästchen, 5 Luftmaschen über 2 Kästchen und wieder ein volles Abschlusskästchen gehäkelt. Diese Randlösung wird bei den meisten im Buch vorgestellten Gardinen verwendet und ist in der Musterzeichnung mit Randlösung 2 bezeichnet (Beispiel: Kinderzimmergardine mit Traktor).

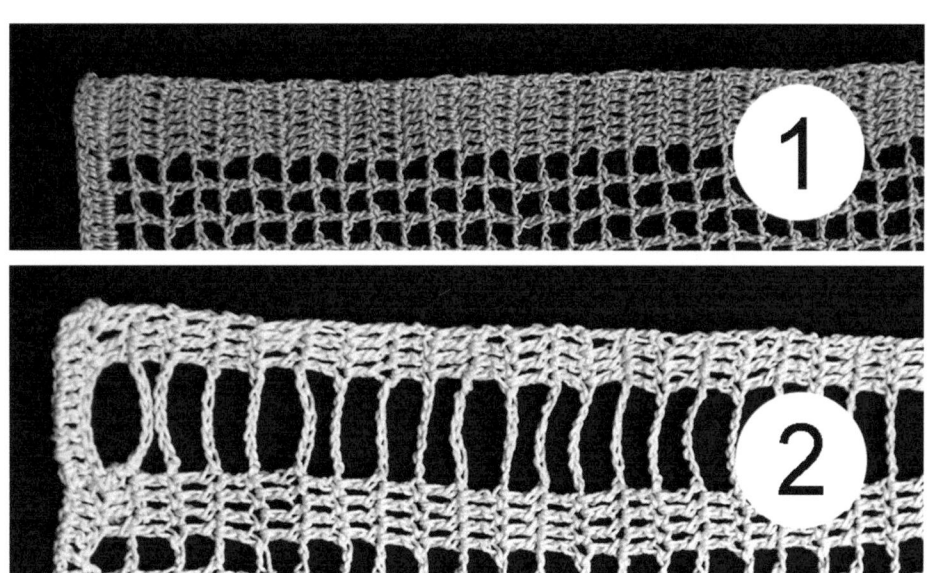

13

Gardine mit Blütenrand

Ein Modell für Anfänger – ganz einfach aber doch sehr dekorativ!

Größe: 73 cm x 51 cm

Material:
100 g Häkelgarn Stärke 10 in perlweiß
1 Häkelnadel Nr. 1,25

Muster auf Seite 78 im Musterteil

Diese Gardine wird quer von links nach rechts gehäkelt. Sie beginnen mit einer Kette aus 181 Luftmaschen. Die ersten vier Luftmaschen bilden die Randluftmaschen. Sie häkeln das erste Stäbchen in die fünfte Luftmasche und arbeiten insgesamt 59 gefüllte Kästchen.

Dann häkeln Sie der Musterzeichnung entsprechend weiter. Für die Bögen am unteren Rand Zu- und Abnahmen arbeiten wie im Lehrgang Filethäkelei beschrieben. Für den Stangendurchzug arbeiten Sie die Randlösung 2.

Die fertige Gardine spannen, anfeuchten und trocknen lassen.

Tipp: Diese Gardine lässt sich in der Höhe ganz leicht verändern, indem man Reihen mit Leerkästchen einfügt bzw. weglässt. Auch die Breite ist durch einfaches Ansetzen weiterer Mustersätze variabel.

14

15

Die Rosengardine

Mit dieser Gardine haben Sie das ganze Jahr Rosen im Fenster!

Größe: 83 cm x 45 cm

Material:
100 g Häkelgarn Stärke 10 in perlweiß
1 Häkelnadel Nr. 1,25

Muster auf Seite 77 im Musterteil

Diese Gardine wird quer von links nach rechts gehäkelt. Sie beginnen mit einer Kette aus 142 Luftmaschen. Die ersten vier Luftmaschen bilden die Randluftmaschen. Sie häkeln das erste Stäbchen in die fünfte Luftmasche und arbeiten insgesamt 46 gefüllte Kästchen.

Dann häkeln Sie der Musterzeichnung entsprechend weiter. Für die Bögen am unteren Rand Zu- und Abnahmen arbeiten wie im Lehrgang Filethäkelei beschrieben. Die Gardine wird mit Donauklammern befestigt, Sie arbeiten einen geraden Rand (Randlösung 1)

Die fertige Gardine spannen, anfeuchten und trocknen lassen.

Tipp: Häkeln Sie diese Gardine doch einmal in rot, rosa oder gelb — den echten Rosenfarben!

Das Eichhörnchen

Alle Menschen lieben Eichhörnchen! Wenn man in der Natur ein Eichhörnchen sieht, dann ist es meist ganz schnell wieder weg - dieses aber bleibt bei Ihnen!

Größe: 32 cm x 62 cm

Material:
80 g Häkelgarn Stärke 5 in beige
1 Häkelnadel Nr. 1,75

Muster auf Seite 58 im Musterteil

Diese Gardine wird von unten nach oben gehäkelt. Sie beginnen mit einer Kette aus 127 Luftmaschen. Die ersten vier Luftmaschen bilden die Randluftmaschen. Sie häkeln das erste Stäbchen in die fünfte Luftmasche und arbeiten insgesamt 41 gefüllte Kästchen.

Dann häkeln Sie der Musterzeichnung entsprechend weiter. Die Gardine wird mit Donauklammern befestigt, Sie arbeiten einen geraden Rand (Randlösung 1)

Die fertige Gardine spannen, anfeuchten und trocknen lassen.

Tipp: Diese kleine Gardine ist mit Häkelgarn in Stärke 5 gehäkelt. Wenn Sie feineres Häkelgarn in Stärke 10, 15 oder 20 verwenden, dann verringert sich die Größe etwas und Sie erhalten ein niedliches Fensterbild.

18

Die Kirche

Sie können sich nicht entscheiden, in welches Zimmer Sie die Gardine hängen sollen? Das ist ganz einfach — sie passt überall!

Größe: 65 cm x 71 cm

Material:
150 g Häkelgarn Stärke 10 in perlweiß
1 Häkelnadel Nr. 1,25

Muster auf Seite 70 im Musterteil

Diese Gardine wird quer von links nach rechts gehäkelt. Sie beginnen mit einer Kette aus 274 Luftmaschen. Die ersten vier Luftmaschen bilden die Randluftmaschen. Sie häkeln das erste Stäbchen in die fünfte Luftmasche und arbeiten insgesamt 90 gefüllte Kästchen.

Dann häkeln Sie der Musterzeichnung entsprechend weiter. Die Gardine wird mit Donauklammern befestigt, Sie arbeiten einen geraden Rand (Randlösung 1)

Die fertige Gardine spannen, anfeuchten und trocknen lassen.

Tipp: Wenn Sie diese Gardine in rot oder weinrot arbeiten und mit ein paar goldenen Sternen schmücken, dann ist sie zu Weihnachten ein echtes Highlight!

Klein aber fein

Diese kurze Gardine ist ganz schnell fertiggestellt.

Größe: 83 cm x 45 cm

Material:
50 g Häkelgarn Stärke 10 in hellgrau
1 Häkelnadel Nr. 1,25

Muster auf Seite 65 im Musterteil

Diese Gardine wird quer von links nach rechts gehäkelt. Sie beginnen mit einer Kette aus 85 Luftmaschen. Die ersten vier Luftmaschen bilden die Randluftmaschen. Sie häkeln das erste Stäbchen in die fünfte Luftmasche und arbeiten insgesamt 27 gefüllte Kästchen.

Dann häkeln Sie der Musterzeichnung entsprechend weiter. Für die Bögen am unteren Rand Zu- und Abnahmen arbeiten wie im Lehrgang Filethäkelei beschrieben. Die Gardine wird mit Donauklammern befestigt, Sie arbeiten einen geraden Rand (Randlösung 1)

Die fertige Gardine spannen, anfeuchten und trocknen lassen.

Tipp: Diese kurze Gardine eignet sich auch als Abschluss an einem Stoffrollo und sie kann in jeder Farbe gehäkelt werden - passend zu Ihrer Einrichtung.

23

Osterhäschen, Osterhas' ...

Bestimmt wollen Ihre Kinder diese Gardine auch nach Ostern noch im Fenster haben.

Größe: 64 cm x 74 cm

Material:
200 g Häkelgarn Stärke 10 in hellgelb
1 Häkelnadel Nr. 1,25

Muster auf Seite 61 im Musterteil

Diese Gardine wird von unten nach oben gehäkelt. Sie beginnen mit einer Kette aus 265 Luftmaschen. Die ersten vier Luftmaschen bilden die Randluftmaschen. Sie häkeln das erste Stäbchen in die fünfte Luftmasche und arbeiten insgesamt 87 gefüllte Kästchen.

Dann häkeln Sie der Musterzeichnung entsprechend weiter. Die Gardine wird mit Donauklammern befestigt, Sie arbeiten einen geraden Rand (Randlösung 1)

Die fertige Gardine spannen, anfeuchten und trocknen lassen.

Tipp: Versuchen Sie doch einmal, das Häschen in Kreuzstich zu sticken. Jedes Kästchen entspricht einem Kreuz. So könnte das Häschen auch Kissen oder Taschen schmücken.

Warum eigentlich immer einfarbig?

Man kann Gardinen auch mehrfarbig häkeln – dieses kleine Modell zeigt es!

Größe: 27 cm x 25 cm

Material:
30 g Häkelgarn Stärke 10 in terracotta
20 g Häkelgarn Stärke 10 in apricot
1 Häkelnadel Nr. 1,25

Muster auf Seite 60 im Musterteil

Diese Gardine wird quer von links nach rechts gehäkelt. Sie beginnen mit einer Kette aus 94 Luftmaschen. Die ersten vier Luftmaschen bilden die Randluftmaschen. Sie häkeln das erste Stäbchen in die fünfte Luftmasche und arbeiten insgesamt 30 gefüllte Kästchen. Dann häkeln Sie der Musterzeichnung entsprechend weiter und wechseln nach dem ersten Mustersatz die Farbe. Für die Bögen am unteren Rand Zu- und Abnahmen arbeiten wie im Lehrgang Filethäkelei beschrieben. Für den Stangendurchzug häkeln Sie die Randlösung 2.

Die fertige Gardine spannen, anfeuchten und trocknen lassen.

Tipp: Ton in Ton wie beim beschriebenen Modell oder blau-weiß für die Küche oder kunterbunt fürs Kinderzimmer – bei dieser Gardine ist alles möglich!

Ein Blumenfenster

Ja, etwas Ausdauer brauchen Sie schon für dieses große Modell – aber durch die vielen leeren Kästchen ist die Gardine doch schneller fertig, als man denkt.

Größe: 75 cm x 108 cm

Material:
240 g Häkelgarn Stärke 10 in weiß
1 Häkelnadel Nr. 1,25

Muster auf Seite 72 im Musterteil

Diese Gardine wird quer von links nach rechts gehäkelt. Sie beginnen mit einer Kette aus 325 Luftmaschen. Die ersten vier Luftmaschen bilden die Randluftmaschen. Sie häkeln das erste Stäbchen in die fünfte Luftmasche und arbeiten insgesamt 107 gefüllte Kästchen.

Dann häkeln Sie der Musterzeichnung entsprechend weiter. Für den Bogen am unteren Rand Zu- und Abnahmen arbeiten wie im Lehrgang Filethäkelei beschrieben. Für den Stangendurchzug häkeln Sie die Randlösung 2.

Die fertige Gardine spannen, anfeuchten und trocknen lassen.

Tipp: Die Blumengardine kann in jeder Blumen-Farbe gehäkelt werden und ist in gelb, blau, rosa oder rot ein Hingucker.

29

Dekoratives Tulpenornament

Dieses Modell ist besonders wirkungsvoll.

Größe: 69 cm x 87 cm

Material:
170 g Häkelgarn Stärke 10 in perlweiß
1 Häkelnadel Nr. 1,25

Muster auf Seite 68 im Musterteil

Diese Gardine wird quer von links nach rechts gehäkelt. Sie beginnen mit einer Kette aus 268 Luftmaschen. Die ersten vier Luftmaschen bilden die Randluftmaschen. Sie häkeln das erste Stäbchen in die fünfte Luftmasche und arbeiten insgesamt 88 gefüllte Kästchen.

Dann häkeln Sie der Musterzeichnung entsprechend weiter. Für den Bogen am unteren Rand Zu- und Abnahmen arbeiten wie im Lehrgang Filethäkelei beschrieben. Für den Stangendurchzug häkeln Sie die Randlösung 2.

Die fertige Gardine spannen, anfeuchten und trocknen lassen.

Tipp: Das Muster gefiel mir so gut, dass ich es etwas variiert und noch einmal verwendet habe. Das Ergebnis sehen Sie auf der nächsten Seite.

Und noch einmal Tulpenornamente

Wie angekündigt – hier eine weitere Variation des Tulpenornaments.

Größe: 63 cm x 83 cm

Material:
150 g Häkelgarn Stärke 10 in rot
1 Häkelnadel Nr. 1,25

Muster auf Seite 64 im Musterteil

Diese Gardine wird quer von links nach rechts gehäkelt. Sie beginnen mit einer Kette aus 244 Luftmaschen. Die ersten vier Luftmaschen bilden die Randluftmaschen. Sie häkeln das erste Stäbchen in die fünfte Luftmasche und arbeiten insgesamt 80 gefüllte Kästchen.

Dann häkeln Sie der Musterzeichnung entsprechend weiter. Für die Bögen am unteren Rand Zu- und Abnahmen arbeiten wie im Lehrgang Filethäkelei beschrieben. Für den Stangendurchzug häkeln Sie die Randlösung 2.

Die fertige Gardine spannen, anfeuchten und trocknen lassen.

Tipp: Dieses Modell und das Modell der vorigen Seite können Sie durchaus in einem Zimmer kombinieren — dann aber am besten beide in der gleichen Farbe.

Der Baum

Bäume werden immer wieder als Motive für Häkelgardinen ausgewählt – hier ein besonders schönes Exemplar für Sie.

Größe: 69 cm x 84 cm

Material:
170 g Häkelgarn Stärke 10 in weiß
1 Häkelnadel Nr. 1,25

Muster auf Seite 71 im Musterteil

Diese Gardine wird von unten nach oben gehäkelt. Sie beginnen mit einer Kette aus 256 Luftmaschen. Die ersten vier Luftmaschen bilden die Randluftmaschen. Sie häkeln das erste Stäbchen in die fünfte Luftmasche und arbeiten insgesamt 84 gefüllte Kästchen.

Dann häkeln Sie der Musterzeichnung entsprechend weiter. Die Gardine wird mit Donauklammern befestigt, Sie arbeiten einen geraden Rand (Randlösung 1)

Die fertige Gardine spannen, anfeuchten und trocknen lassen.

Tipp: Auch dieser Baum kann nicht nur gehäkelt werden, Sie können das Muster ganz leicht in ein Stickmuster verwandeln und mit Kreuzstich sticken. Sie erhalten so ganz einfach ein passendes Kissen oder ein Bild.

Klare grafische Muster ohne Schnörkel

Dieses Modell passt zu einer modernen Einrichtung – es ist ganz einfach aber sehr dekorativ.

Größe: 55 cm x 27 cm

Material:
60 g Häkelgarn Stärke 10 in gelb
1 Häkelnadel Nr. 1,25

Muster auf Seite 59 im Musterteil

Diese Gardine wird quer von links nach rechts gehäkelt. Sie beginnen mit einer Kette aus 91 Luftmaschen. Die ersten vier Luftmaschen bilden die Randluftmaschen. Sie häkeln das erste Stäbchen in die fünfte Luftmasche und arbeiten insgesamt 29 gefüllte Kästchen.
Dann häkeln Sie der Musterzeichnung entsprechend weiter. Die Gardine wird mit Donauklammern befestigt, Sie arbeiten einen geraden Rand (Randlösung 1)

Die fertige Gardine spannen, anfeuchten und trocknen lassen.

Tipp: Diese kleine Gardine kann um mehrere Mustersätze verändert werden, so erreichen Sie die gewünschte Breite. Sie eignet sich auch als Abschluss an einem Stoffrollo. Wenn Sie möchten, arbeiten Sie das gleiche Modell doch als Tischläufer oder länger als Tischband.

Ein Traum in apricot

An dieser Gardine werden Sie lange Freude haben!

Größe: 63 cm x 56 cm

Material:
100 g Häkelgarn Stärke 10 in apricot
1 Häkelnadel Nr. 1,25

Muster auf Seite 69 im Musterteil

Diese Gardine wird quer von links nach rechts gehäkelt. Sie beginnen mit einer Kette aus 145 Luftmaschen. Die ersten vier Luftmaschen bilden die Randluftmaschen. Sie häkeln das erste Stäbchen in die fünfte Luftmasche und arbeiten insgesamt 47 gefüllte Kästchen.

Dann häkeln Sie der Musterzeichnung entsprechend weiter. Für den Bogen am unteren Rand Zu- und Abnahmen arbeiten wie im Lehrgang Filethäkelei beschrieben. Für den Stangendurchzug häkeln Sie die Randlösung 2.

Die fertige Gardine spannen, anfeuchten und trocknen lassen.

Tipp: Häkeln Sie die Gardine einfach in Ihrer Lieblingsfarbe — schneeweiß, hellgelb oder hellblau — sie wirkt immer!

Schilf

Ein sehr dekoratives Modell!

Größe: 73 cm x 106 cm

Material:
220 g Häkelgarn Stärke 10 in weiß
1 Häkelnadel Nr. 1,25

Muster auf Seite 74 im Musterteil

Diese Gardine wird von unten nach oben gehäkelt. Sie beginnen mit einer Kette aus 277 Luftmaschen. Die ersten vier Luftmaschen bilden die Randluftmaschen. Sie häkeln das erste Stäbchen in die fünfte Luftmasche und arbeiten insgesamt 91 gefüllte Kästchen.

Dann häkeln Sie der Musterzeichnung entsprechend weiter. Die Gardine wird mit Donauklammern befestigt, Sie arbeiten einen geraden Rand (Randlösung 1)

Die fertige Gardine spannen, anfeuchten und trocknen lassen.

Tipp: Auch in hellgrün oder beige wirkt diese Gardine.

41

Fürs Kinderzimmer

Über die Gardine mit dem Traktor freuen sich nicht nur kleine Jungs!

Größe: 73 cm x 42 cm

Material:
100 g Häkelgarn Stärke 10 in weiß
1 Häkelnadel Nr. 1,25

Muster auf Seite 76 im Musterteil

Diese Gardine wird von links nach rechts gehäkelt. Sie beginnen mit einer Kette aus 160 Luftmaschen. Die ersten vier Luftmaschen bilden die Randluftmaschen. Sie häkeln das erste Stäbchen in die fünfte Luftmasche und arbeiten insgesamt 52 gefüllte Kästchen.

Dann häkeln Sie der Musterzeichnung entsprechend weiter. Für den Stangendurchzug häkeln Sie die Randlösung 2.

Die fertige Gardine spannen, anfeuchten und trocknen lassen.

Tipp: Probieren Sie dieses Modell doch einmal mit hellblauem Garn! Sie können links und rechts auch noch einige Reihen mit leeren Kästchen einfügen, um das Modell an Ihre Fenstergröße anzupassen.

Jugendstil-Motiv

Es müssen nicht immer Blumen sein! Hier sehen Sie ein elegantes Motiv für Ihr Fenster!

Größe: 61 cm x 78 cm

Material:
140 g Häkelgarn Stärke 10 in beige
1 Häkelnadel Nr. 1,25

Muster auf Seite 75 im Musterteil

Diese Gardine wird von links nach rechts gehäkelt. Sie beginnen mit einer Kette aus 262 Luftmaschen. Die ersten vier Luftmaschen bilden die Randluftmaschen. Sie häkeln das erste Stäbchen in die fünfte Luftmasche und arbeiten insgesamt 86 gefüllte Kästchen.

Dann häkeln Sie der Musterzeichnung entsprechend weiter. Für den Bogen am unteren Rand Zu- und Abnahmen arbeiten wie im Lehrgang Filethäkelei beschrieben. Für den Stangendurchzug häkeln Sie die Randlösung 2.

Die fertige Gardine spannen, anfeuchten und trocknen lassen.

Tipp: In beige passt das Modell gut in Wohnungen mit antiken Möbeln – häkeln Sie die Gardine für die moderne Wohnung in weiß! Links und rechts oder oben können Sie noch einige Reihen mit leeren Kästchen einfügen, um die gewünschte Größe zu erreichen.

Ruck zuck ist dieses Modell fertig!

Dieses Modell ist schnell gehäkelt und wirkt in jeder Farbe!

Größe: 73 cm x 26 cm

Material:
70 g Häkelgarn Stärke 10 in hellgelb
1 Häkelnadel Nr. 1,25

Muster auf Seite 62 im Musterteil

Diese Gardine wird von links nach rechts gehäkelt. Sie beginnen mit einer Kette aus 91 Luftmaschen. Die ersten vier Luftmaschen bilden die Randluftmaschen. Sie häkeln das erste Stäbchen in die fünfte Luftmasche und arbeiten insgesamt 29 gefüllte Kästchen.

Dann häkeln Sie der Musterzeichnung entsprechend weiter. Für die Bögen am unteren Rand Zu- und Abnahmen arbeiten wie im Lehrgang Filethäkelei beschrieben. Die Gardine wird mit Donauklammern befestigt, Sie arbeiten einen geraden Rand (Randlösung 1)

Die fertige Gardine spannen, anfeuchten und trocknen lassen.

Tipp: Problemlos können Sie die Breite der Gardine verändern – häkeln Sie einfach mehr oder weniger Mustersätze. Das Modell kann auch als Borte an ein Stoffrollo genäht werden.

Mein Lieblingsmodell

Könnte diese Gardine vielleicht auch Ihr Favorit werden?

Größe: 65 cm x 50 cm

Material:
85 g Häkelgarn Stärke 10 in weiß
1 Häkelnadel Nr. 1,25

Muster auf Seite 73 im Musterteil

Diese Gardine wird von links nach rechts gehäkelt. Sie beginnen mit einer Kette aus 79 Luftmaschen. Die ersten vier Luftmaschen bilden die Randluftmaschen. Sie häkeln das erste Stäbchen in die fünfte Luftmasche und arbeiten insgesamt 25 gefüllte Kästchen.

Dann häkeln Sie der Musterzeichnung entsprechend weiter. Für die Bögen am unteren Rand Zu- und Abnahmen arbeiten wie im Lehrgang Filethäkelei beschrieben. Für den Stangendurchzug häkeln Sie die Randlösung 2.

Die fertige Gardine spannen, anfeuchten und trocknen lassen.

Tipp: Dieses Modell wirkt in jeder Farbe! Probieren Sie es einmal in apricot oder lindgrün oder am besten in Ihrer Lieblingsfarbe!

Ein Schmuckstück für kleine Fenster

Diese Gardine häkeln Sie ganz einfach nebenbei! Es ist ein gutes Modell für Anfänger, denn die Erfolge werden schnell sichtbar.

Größe: 65 cm x 35 cm

Material:
65 g Häkelgarn Stärke 10 in ecru
1 Häkelnadel Nr. 1,25

Muster auf Seite 63 im Musterteil

Diese Gardine wird von links nach rechts gehäkelt. Sie beginnen mit einer Kette aus 97 Luftmaschen. Die ersten vier Luftmaschen bilden die Randluftmaschen. Sie häkeln das erste Stäbchen in die fünfte Luftmasche und arbeiten insgesamt 31 gefüllte Kästchen.

Dann häkeln Sie der Musterzeichnung entsprechend weiter. Für die Bögen am unteren Rand Zu- und Abnahmen arbeiten wie im Lehrgang Filethäkelei beschrieben. Für den Stangendurchzug häkeln Sie die Randlösung 2.

Die fertige Gardine spannen, anfeuchten und trocknen lassen.

Tipp: Durch Einfügen weiterer Mustersätze können Sie die Breite noch verändern. Mit rotem Garn gearbeitet, erhalten Sie ein schönes Weihnachtsmodell!

Bald nun ist Weihnachtszeit ...

Wenn das Weihnachtsfest bevor steht, dann freuen sich nicht nur die Kinder über den Elch im Fenster!

Größe: 72 cm x 72 cm

Material:
160 g Häkelgarn Stärke 10 in weiß
1 Häkelnadel Nr. 1,25

Muster auf Seite 66 im Musterteil

Diese Gardine wird von links nach rechts gehäkelt. Sie beginnen mit einer Kette aus 283 Luftmaschen. Die ersten vier Luftmaschen bilden die Randluftmaschen. Sie häkeln das erste Stäbchen in die fünfte Luftmasche und arbeiten insgesamt 93 gefüllte Kästchen.

Dann häkeln Sie der Musterzeichnung entsprechend weiter. Die Gardine wird mit Donauklammern befestigt, Sie arbeiten einen geraden Rand (Randlösung 1)

Die fertige Gardine spannen, anfeuchten und trocknen lassen.

Tipp: Natürlich können Sie die Gardine als Weihnachtsgardine auch in rot häkeln. Sticken Sie das Muster mit dem Elch doch einmal in Kreuzstich — zum Beispiel mit weinrotem Garn auf weißen oder cremefarbenen Zählstoff — so erhalten Sie ein schönes Motiv für ein Kissen oder ein Bild.

Mustergültig!

Um diese Gardine wird man Sie beneiden!

Größe: 60 cm x 38 cm

Material:
80 g Häkelgarn Stärke 10 in ecru
1 Häkelnadel Nr. 1,25

Muster auf Seite 79 im Musterteil

Diese Gardine wird quer von links nach rechts gehäkelt. Sie beginnen mit einer Kette aus 100 Luftmaschen. Die ersten vier Luftmaschen bilden die Randluftmaschen. Sie häkeln das erste Stäbchen in die fünfte Luftmasche und arbeiten insgesamt 32 gefüllte Kästchen.

Dann häkeln Sie der Musterzeichnung entsprechend weiter. Für die Bögen am unteren Rand Zu- und Abnahmen arbeiten wie im Lehrgang Filethäkelei beschrieben. Für den Stangendurchzug häkeln Sie die Randlösung 2.

Die fertige Gardine spannen, anfeuchten und trocknen lassen.

Tipp: Sie können nach oben weitere Reihen mit leeren Kästchen einfügen — so erhalten Sie ein längeres Modell.

Und was wird aus den Resten?

Diese Frage stellt sich jeder, der viel häkelt, irgendwann einmal. Die hier vorgestellten Borten können Sie in jeder gewünschten Länge arbeiten. Sie können als kurze Gardinen, Regalborten, Tischbänder oder Randborten an Stoffrollos verwendet werden.

Modell 1: Breite 24 cm
Sie beginnen mit einer Kette aus 85 Luftmaschen. Die ersten vier Luftmaschen bilden die Randluftmaschen. Sie häkeln das erste Stäbchen in die fünfte Luftmasche und arbeiten insgesamt 27 gefüllte Kästchen und häkeln entsprechend der Musterzeichnung.

Modell 2: Breite 18 cm
Sie beginnen mit einer Kette aus 67 Luftmaschen. Die ersten vier Luftmaschen bilden die Randluftmaschen. Sie häkeln das erste Stäbchen in die fünfte Luftmasche und arbeiten insgesamt 21 gefüllte Kästchen und häkeln entsprechend der Musterzeichnung..

Modell 3: Breite 12 cm
Sie beginnen mit einer Kette aus 40 Luftmaschen. Die ersten vier Luftmaschen bilden die Randluftmaschen. Sie häkeln das erste Stäbchen in die fünfte Luftmasche und arbeiten insgesamt 12 gefüllte Kästchen und häkeln entsprechend der Musterzeichnung.

Die Angaben zur Bortenbreite beziehen sich auf Häkelgarn in Stärke 10. Die Borten nach Fertigstellung anfeuchten, spannen und trocknen lassen. Musterzeichnungen auf den Seiten 59, 62, 67.

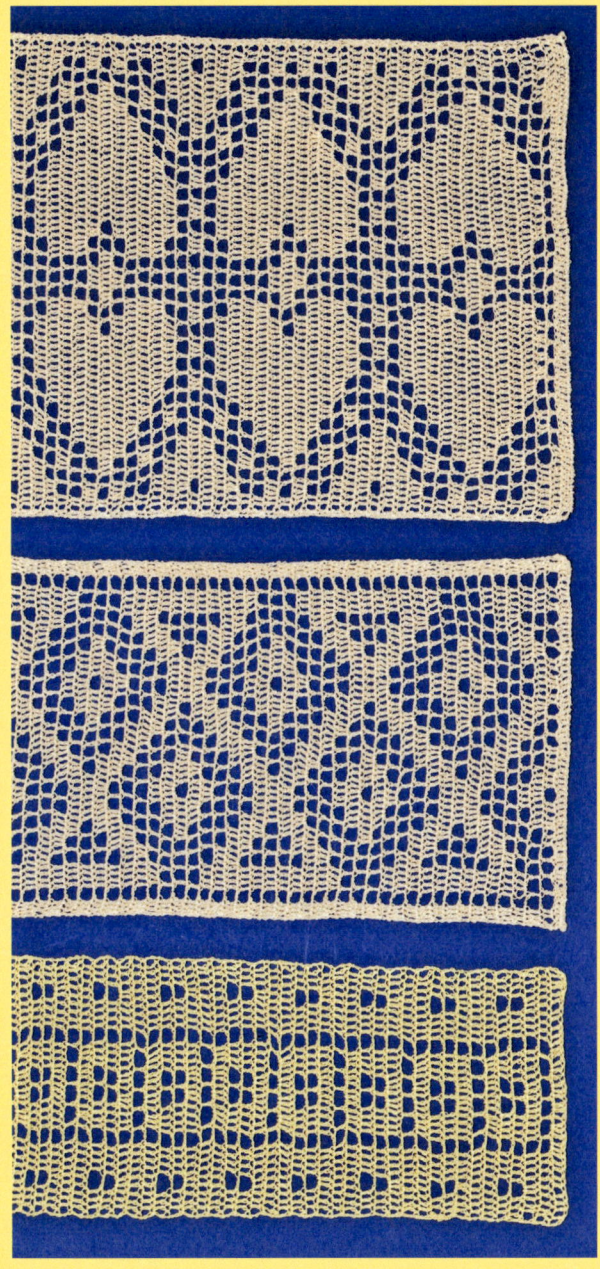

57

Musterteil

Tipp: Sie können die Muster im Copy-Shop oder im Schreibwarenladen vergrößern lassen. Auch die meisten Handarbeitsgeschäfte bieten diesen Service an.

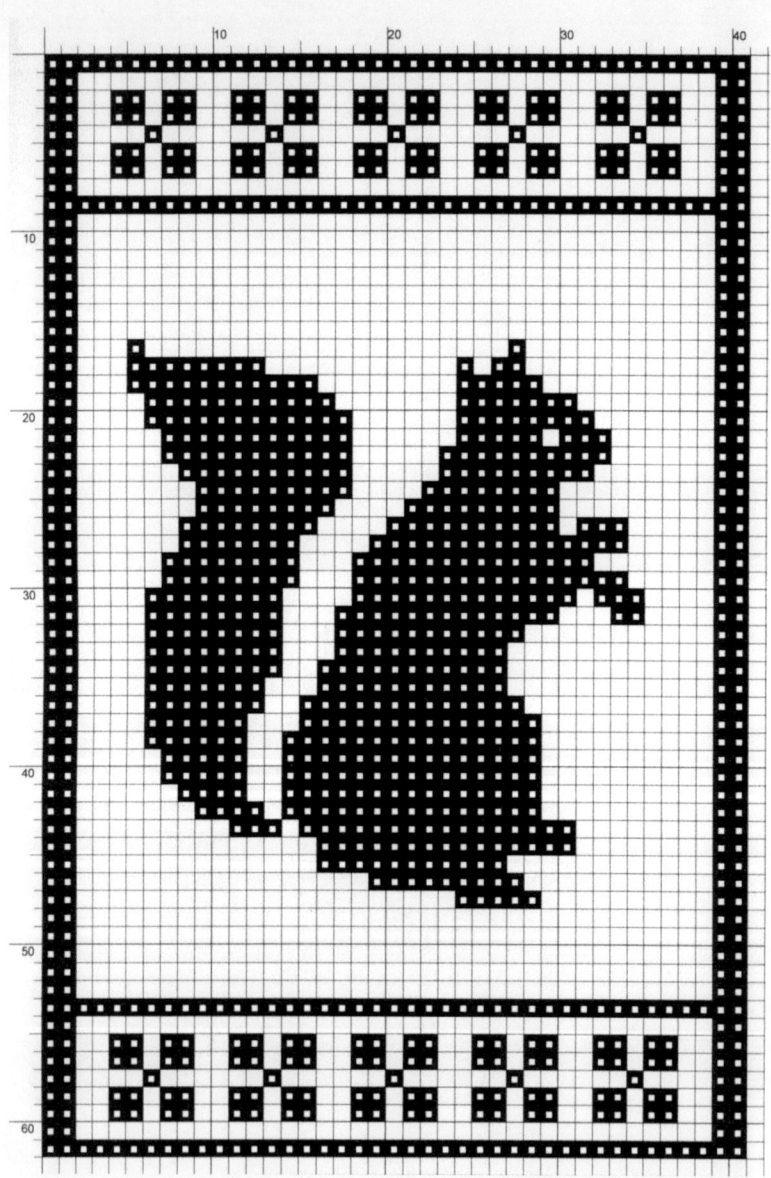

10
20
30
40
50
60
70
10
20

10
20
30
40
50
60
70
10
20

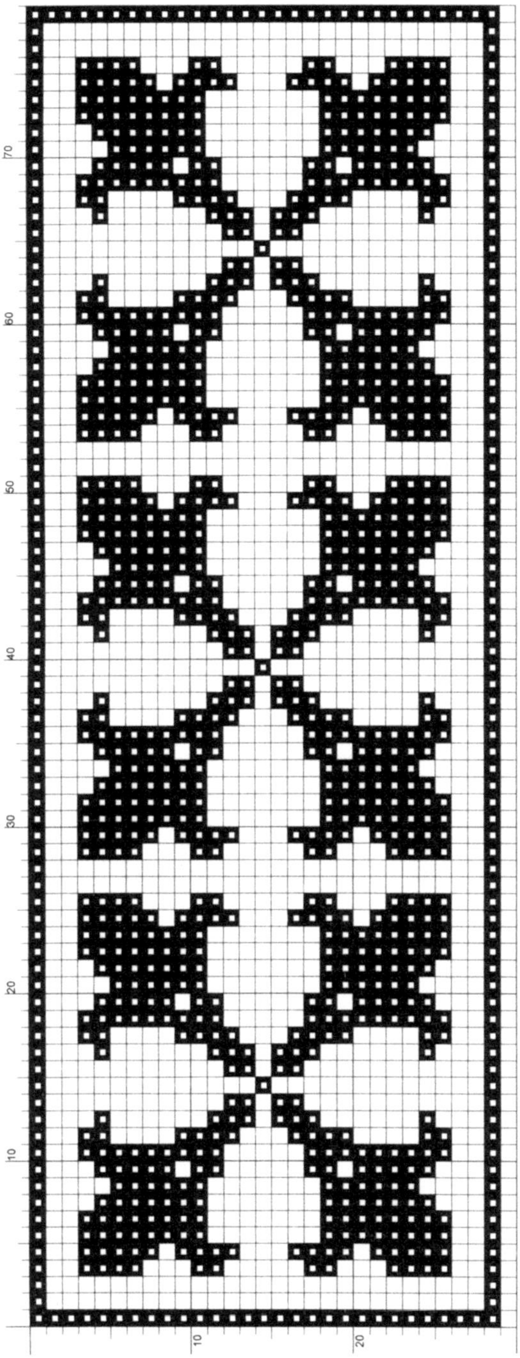

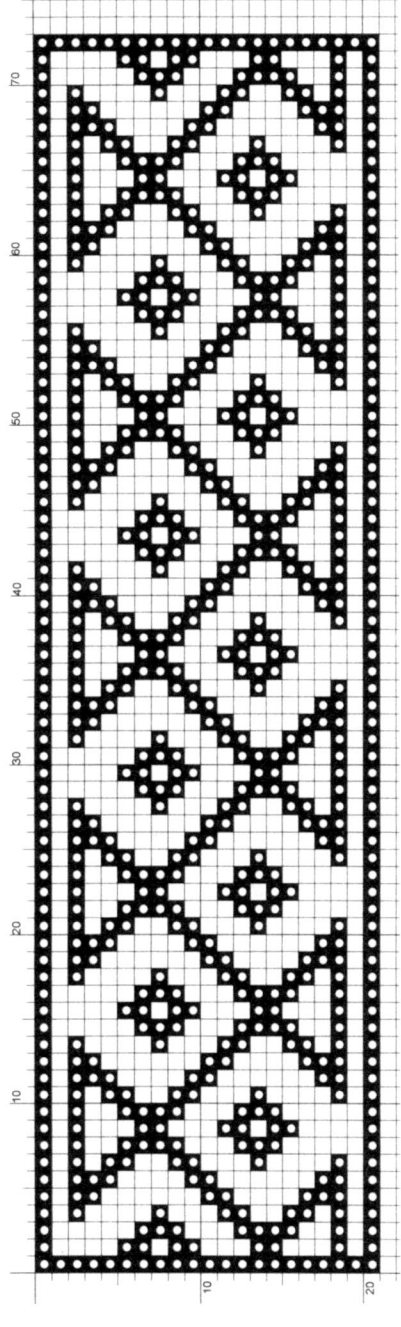

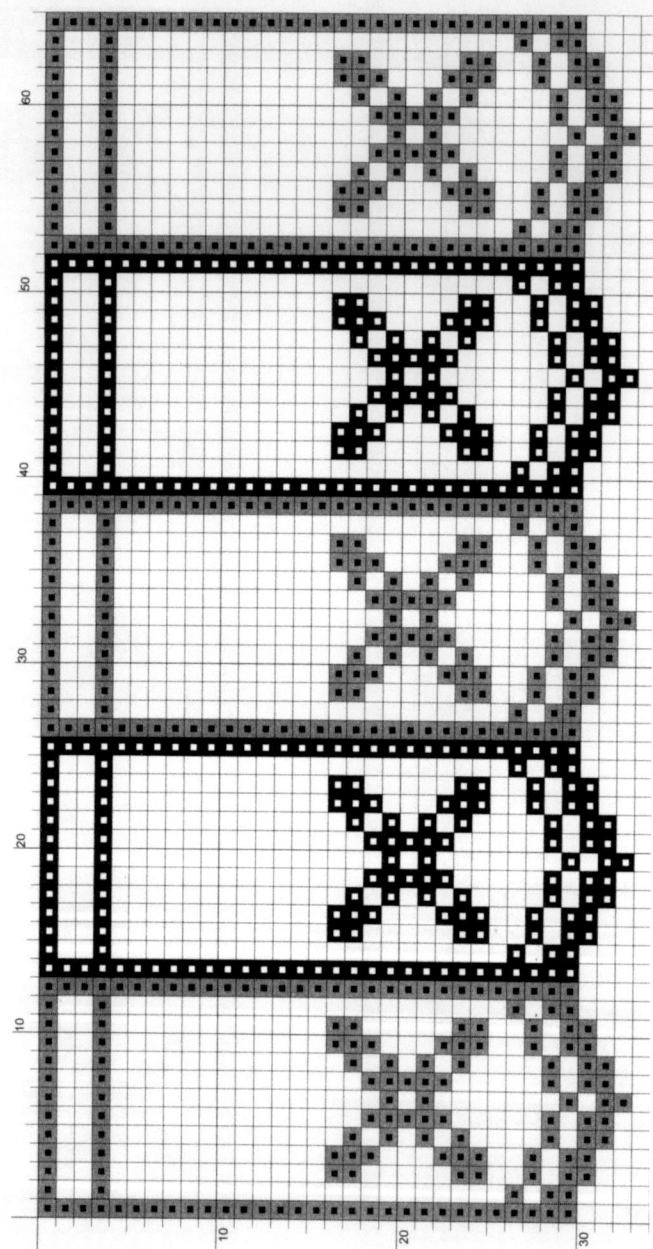

60

61

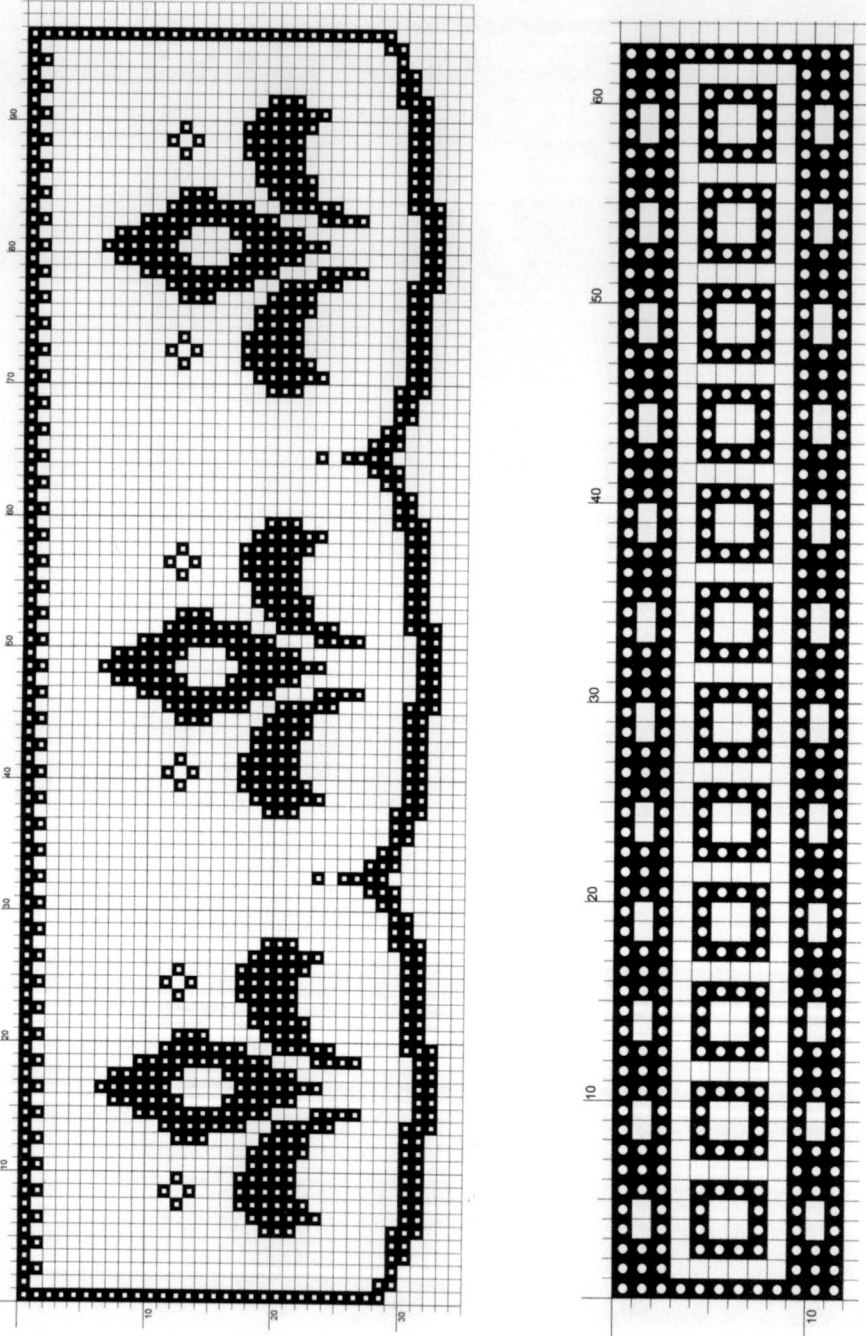

62

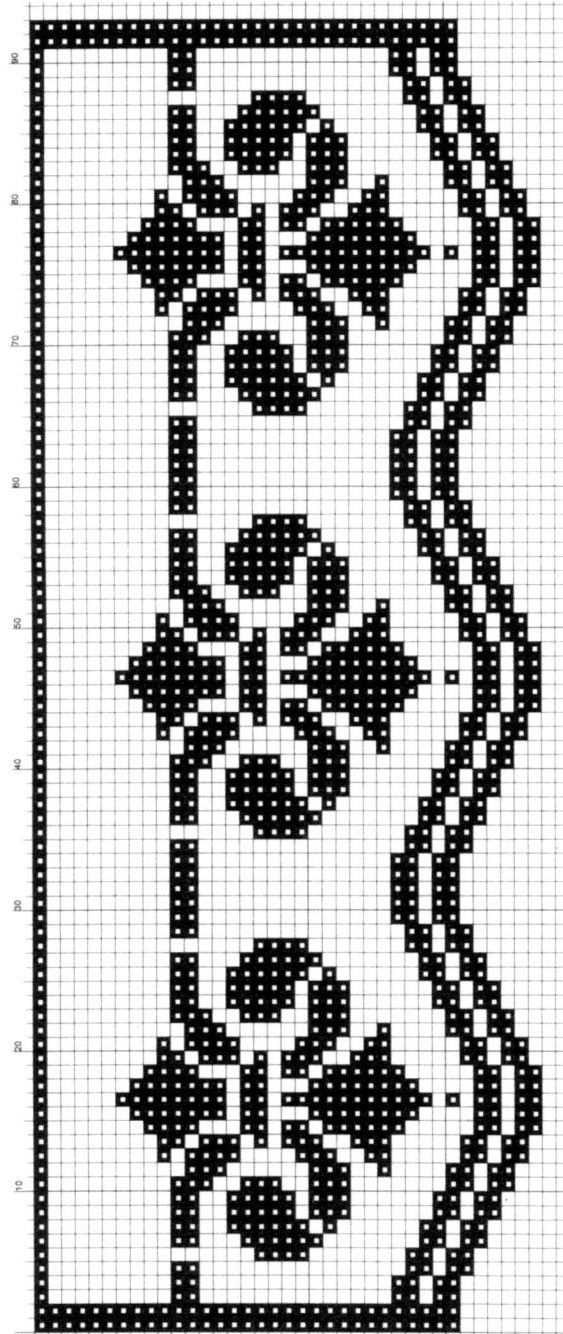

63

64

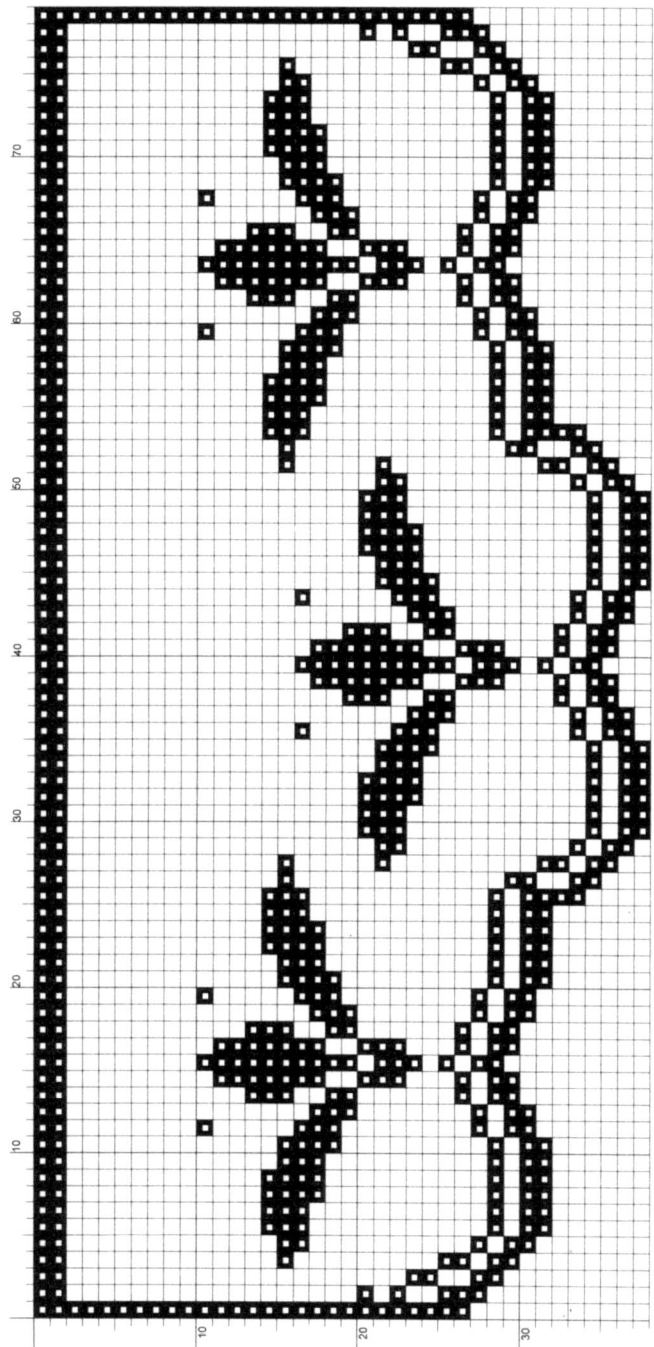

65

66

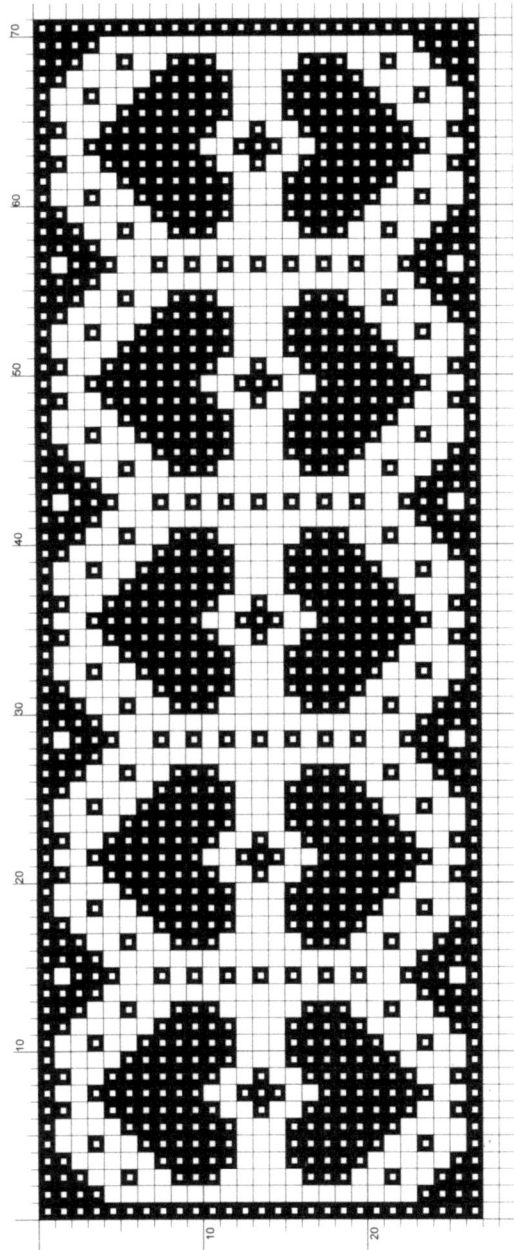

68

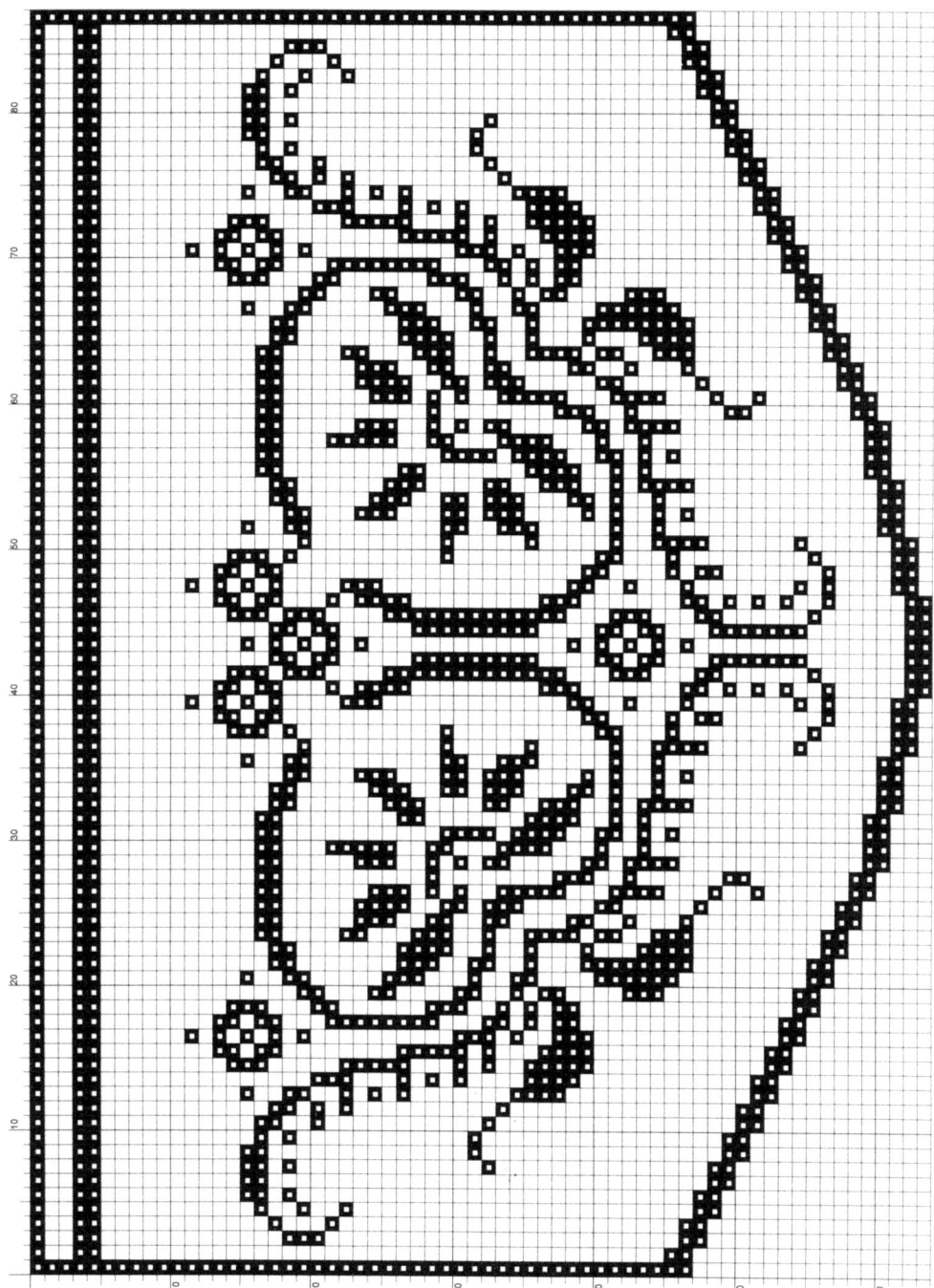

69

70

71

72

73

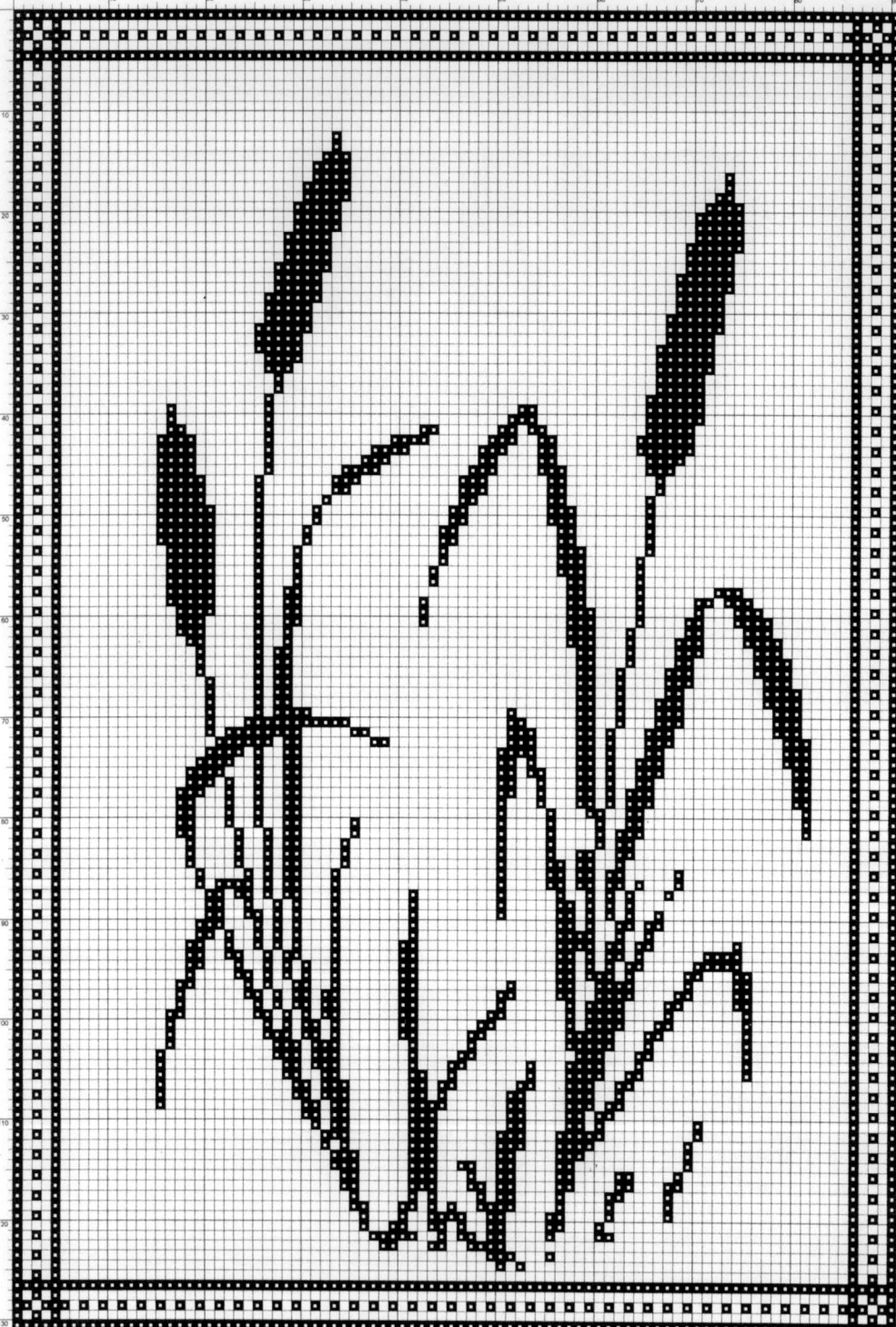

75

76

77

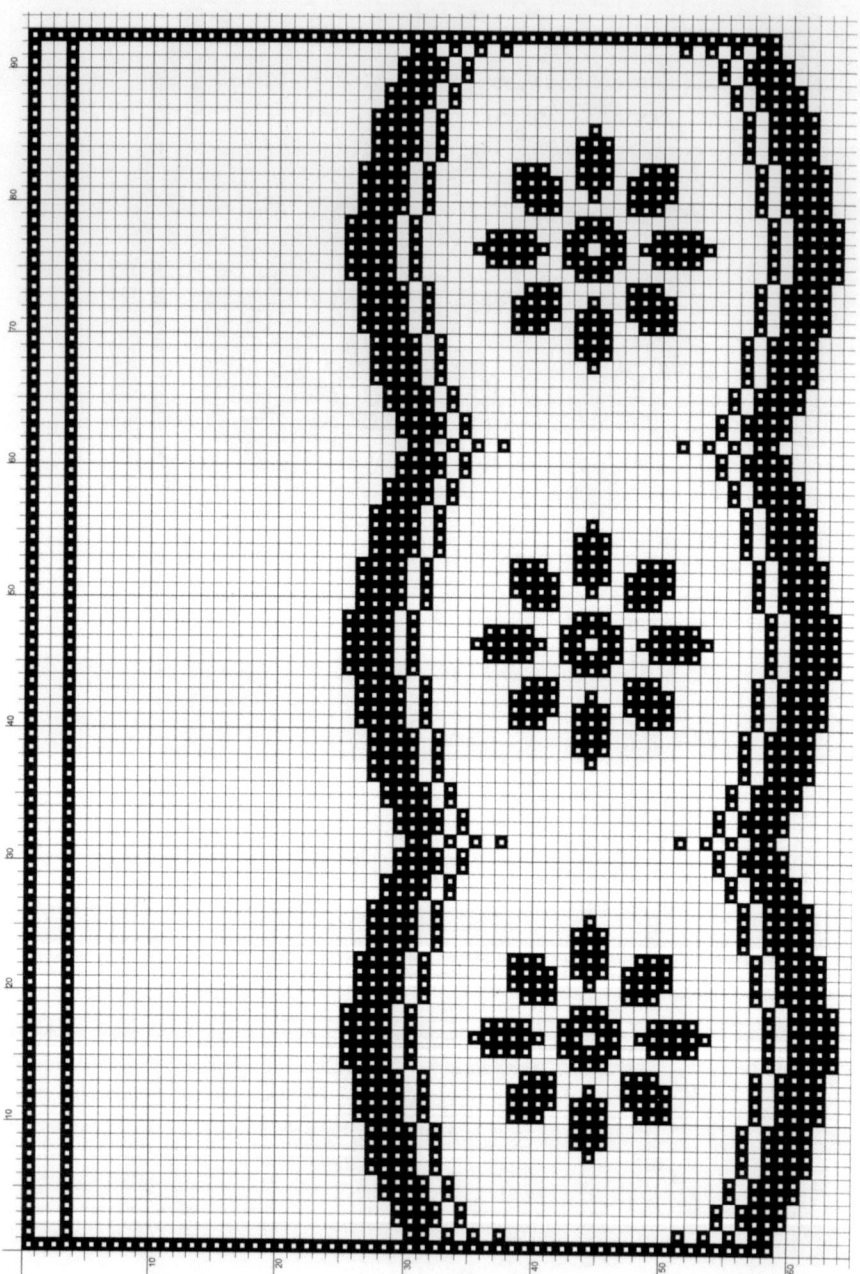

78

79